JEMEN

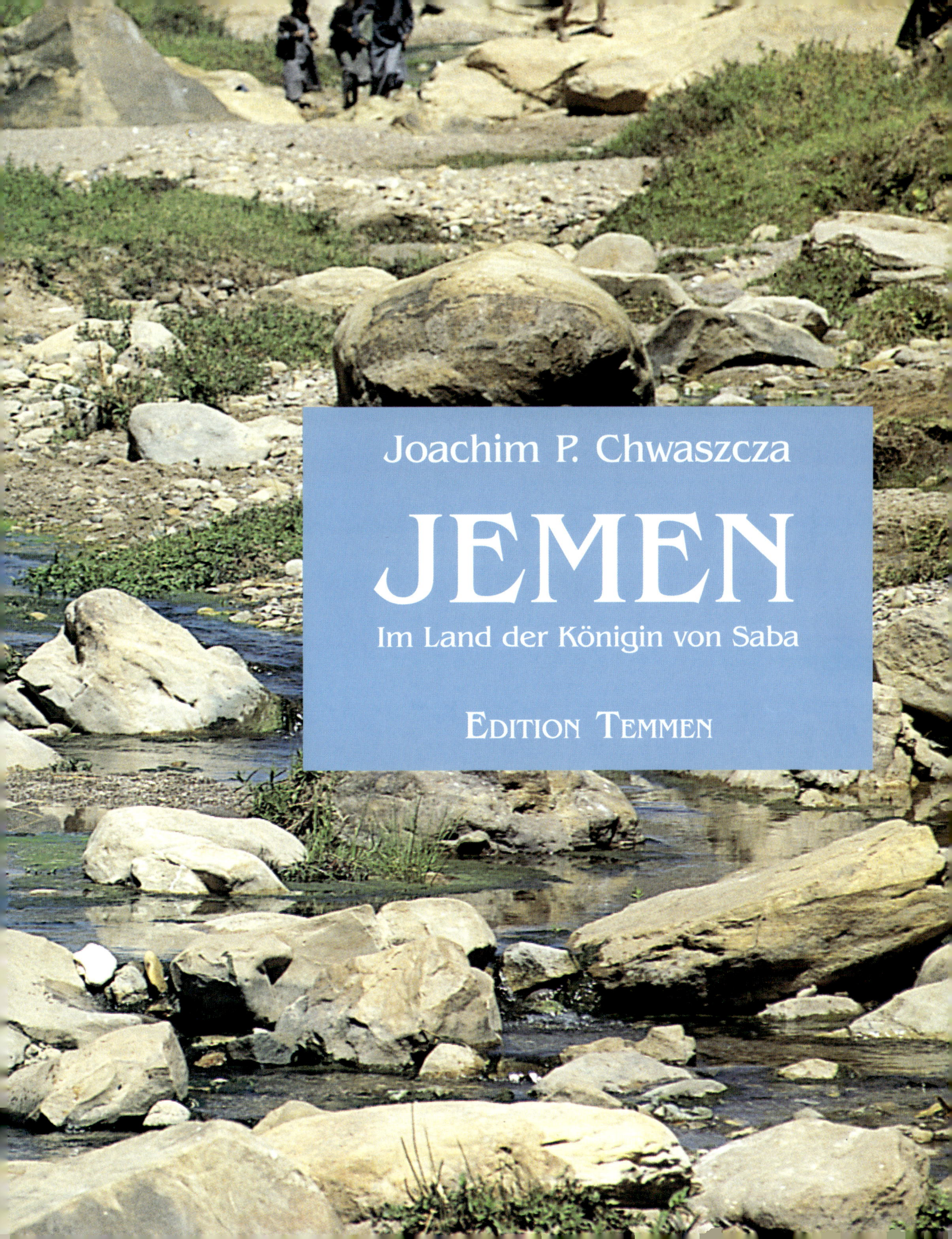

Joachim P. Chwaszcza

JEMEN

Im Land der Königin von Saba

EDITION TEMMEN

Die Deutsche Bibliothek – CIP-Einheitsaufnahme
Chwaszcza, Joachim:
Jemen / Joachim P. Chwaszcza.-
Bremen : Ed. Temmen, 1998
ISBN 3-86108-430-9

Hohenlohestr. 21 – 28209 Bremen
Tel. 0421-34843-0 – Fax 0421-348094

JEMEN –
Im Land der Königin von Saba

Jemen heute 6

Ein Märchen aus 1001 Nacht 15

»Arabia felix«? 29

Aufbruch in die Moderne 38

Blicke, die den Atem rauben 51

Die Königin von Saba 59

Von Stämmen, Kriegern und Imamen 65

Die Hinwendung zu Gott 73

Eine Architektur für Menschen 80

Wenn das Wasser ausbleibt … 91

Jemen heute

Die Republik Jemen liegt an der Südspitze der Arabischen Halbinsel und umfaßt nach der Vereinigung der beiden Bruderstaaten im Mai 1990 das Staatsgebiet der ehemaligen Sozialistischen Volksrepublik Südjemen und der Arabischen Republik Jemen. Die angrenzenden Nachbarländer sind im Osten der Oman, im Norden und Nordosten Saudi-Arabien. Nach der Einigung zwischen Oman und Jemen über eine definierte und von beiden Seiten anerkannte Landesgrenze ist nur noch der exakte Grenzverlauf mit Saudi-Arabien ungeklärt. Dies ist wegen der in der Grenzregion liegenden Rohstoffe, wie Erdgas und Erdöl, ein absolut neuralgischer Punkt in den ohnehin nicht sonderlich guten Beziehungen beider Länder. Das jemenitische Staatsgebiet hat nach eigenen Angaben eine Größe von 527.970 km^2 und ist unterteilt in die Hauptstadt Sana'a, in die Wirtschaftsmetropole Aden und in 17 Provinzen. Die Bevölkerung beträgt nach dem letzten Zensus von Ende 1994 knapp 16 Millionen Einwohner. Ein Blick auf die Geburten- und Sterberaten macht eines der größten Probleme des Landes deutlich: Bei 1000 Einwohnern beträgt die durchschnittliche Geburtenrate 44 Geburten; dem stehen aber nur 8 Todesfälle gegenüber. Jede Frau bringt durchschnittlich zwischen sieben und acht Kinder zur Welt. Seit 1986 hat sich die Bevölkerung nahezu verdoppelt, über 50% der Jemeniten sind jünger als 18 Jahre. Laut Zensus leben in Sana'a knapp eine Million, in Aden etwas mehr als 400.000 Einwohner. Alle Städte haben in den letzten zehn Jahren ihre Einwohnerzahl mehr als verdoppelt.

Wichtigste Grundlage der jemenitischen Gesellschaft ist immer noch das tribalistische System. Jeder Jemenite, selbst wenn seine Familie seit Jahrzehnten in der Stadt lebt, kann seinen Familienstammbaum auf einen der jemenitischen Stämme zurückführen. Während in den Städten das Stammesdenken naturgemäß weitgehend an Bedeutung verloren hat, unterliegen die ländlichen Regionen noch völlig dieser Tradition. Hier definiert sich jeder Mann als »gabila«, als Angehöriger eines bestimmten Stammes. Diese Stämme mit ihren weit verzweigten Unterstämmen werden angeführt von lokalen Scheichs, die auf der nächsten Ebene wieder höherrangige Scheichs wählen, bis hin zu einem Großscheich,

der das Oberhaupt eines gesamten Stammes ist. Die Scheichs genießen mindestens ebenso großes Ansehen wie die politisch gewählten Vertreter. Ausgerüstet mit ihrer Privatarmee aus Stammeskriegern, deren Zahl bis an die hunderttausend steigen kann, gehören sie in der Realität damit zu den einflußreichsten Persönlichkeiten des Landes. Zu den größten jemenitischen Stammesverbänden zählen neben den Haschid die Bakil, die Kahwlan oder die Mahaj.

Politisch gesehen ist die Republik Jemen eine parlamentarische Demokratie, deren Wurzeln auf die islamische Rechtsprechung, vermischt mit türkischen und englischen Elementen, zurückzuführen sind.

Staatspräsident ist Ali Abdullah Saleh, der auch an der Spitze der Regierungspartei »General People Congress« steht. Die zweitstärkste politische Kraft ist die islamistisch orientierte »Islah-Partei« mit dem einflußreichen Großscheich der Hashid, Hussain al Ahmar, an der Spitze. Die dritte politische Kraft, die aus der Sozialistischen Volkspartei hervorgegangene Jemenitische Sozialistische Partei, wurde von den beiden übermächtigen Regierungsparteien weitgehend in den Hintergrund gedrängt.

Die wirtschaftliche Situation im Jemen hat sich nach neuesten Informationen erstaunlich stabilisiert. Nach Angaben der Weltbank betrug das Wachstum des Bruttoinlandsprodukts rund 6,6%, 1995 schloß man mit einem Überschuß in der Leistungsbilanz von 182,7 Millionen Dollar ab. Die Devisenreserven sind von 1993 an um 300% gestiegen. Basis dieses schon spektakulären Wirtschaftswunders am »Bab al Mandab« – dem »Tor der Tränen« sind die zügigen Wirtschaftsreformen, die 1996 weiter ausgebaut wurden. So sollen bis zum Jahr 2000 weitere 138 staatliche Betriebe privatisiert werden. Die Inflationsrate ging von 46% zu Beginn des Jahres 1996 auf etwa 9% im November des gleichen Jahres zurück.

Zu den Hauptressourcen gehören die Erdölfelder im Marib-Shabwa-Becken und im Wadi Massilah sowie die reichhaltigen Erdgasvorkommen. Die Einnahmen aus dem Erdölexport werden 1995 auf rund 777 Millionen Dollar geschätzt, die Ölförderung betrug 1995 rund 17 Milliarden Tonnen, das entspricht etwa 0,53 Prozent der Weltfördermenge.

Blick über die Altstadt von Sadah

Folgende Doppelseiten:
Nur über ein stark befestigtes Stadttor gelangt man in die uneinnehmbare Fluchtburg von Kawkaban.
In jahrhundertelanger mühevoller Arbeit errichtet: die Terrassenfelder des Bergjemen
Märchenstadt am Fuß des Djebel Nuqum: Sana'a in stimmungsvollem Licht

Ein Märchen aus 1001 Nacht

Der Jemen gehört mit zu den geheimnisvollen und sagenumwobenen Ländern unserer Erde, die mehr als alle anderen auf viele eine unwiderstehliche Faszinantion ausüben. Worin diese seit Jahrhunderten ungebrochene Faszination begründet liegt, ist sicherlich schwer zu sagen. Zumindest waren es aber immer sehr außergewöhnliche Vorfälle und Zusammenhänge, welche die Südspitze der Arabischen Halbinsel in unser europäisches Blickfeld rückten und »Arabia felix«, wie es die antiken Chronisten nannten, zum Ziel der unterschiedlichsten Interessen machten. Begonnen hatte alles mit dem Handel des kostbaren Harzes des Boswelia-Baumes, dem Weihrauch. In den frühen Hochkulturen wurde ihm ein Wert beigemessen, der ein Vielfaches von dem des Goldes betrug. So war es vielleicht die sagenumwobene Expedition der ägyptischen Königin Hatschepsut, die sie auf der Suche nach Punt, dem Ursprungsland des so heiß begehrten Weihrauchs auch in den Jemen führte. Rund 1000 Jahre vor unserer Zeitrechnung machte eine Frau als Herrscherin eines südarabischen Königreiches von sich reden. Bilqis, oder wie wir sie kennen, die Königin von Saba. Ob sie tatsächlich nun als Herrscherin gelebt und gewirkt haben mag oder nicht – ihre in vielen Legenden und Sagen überlieferte Begegnung mit König Salomon ist ein wichtiger Bestandteil in allen drei großen Religionen: dem Judentum, dem Christentum und dem Islam. Die Legende ihres Besuches bei Suleyman, wie ihn die Muslime nennen, dokumentiert zumindest die Aufnahme weitreichender Handelsbeziehungen zwischen Südarabien und dem Mittelmeerraum.

Mit manchmal nahezu fassungslosem Staunen und nicht immer ohne Neid beschreiben die Berichte und Aufzeichnungen antiker Schriftsteller, wie etwa von Plinius dem Älteren, den unermeßlichen Reichtum der altsüdarabischen Reiche. Plinius weiß zu berichten, daß 80 goldene Tempel die Hauptstadt des Königreiches Hadramaut Shabwa schmückten. Abgeschottet von der Außenwelt führte ein gut behüteter und von den südarabischen Stämmen kontrollierter Handelsweg, die Weihrauchstraße, durch das Land. Sie bildetete die Grundlage für all den Reichtum. Saba, Main, Hadramaut und Himjar – am Rande der Wüste, dort wo heute nur noch wenige Beduinen leben, entstanden große Handelsstädte. Die heute leider nur zu oft im Sand verwehten Ruinenfelder belegen den hohen Entwicklungsstand der altsüdarabischen Kultur. Der antike Damm von Marib ist eine bis heute unerreicht gebliebene technische Meisterleistung.

Mit der Entdeckung der Monsunwinde wurde die Möglichkeit geschaffen, den teuren Wegzöllen im Landesinneren zu entgehen. Die Weihrauchstaaten verloren an handelspolitischer Bedeutung – der Jemen verschwand für ein paar Jahrhunderte aus dem Blickfeld. In der Zwischenzeit kam es auf der Arabischen Halbinsel zu einem gewaltigen gesellschaftlichen Umbruch. Eine neue Religion war entstanden. Aber war es nicht der Prophet Mohammed selbst, der in seinen Verkündigungen mehrfach die Sabäer als warnendes Beispiel nannte und somit die Aufmerksamkeit wieder auf den Jemen richtete? Der Dammbruch zu Marib war demzufolge Gottes gerechte Strafe für die frevelhaften Vergehen der Sabäer und ihrer Nachfolger. Man sprach nun vom Jemen, was nicht mehr bedeutete als eine geographische Einordnung der Region in ein neues Weltbild: al-Yamin, das Land rechterhand (der aufgehenden Sonne) oder eben das südliche (von Mekka). Die Stammesführer des Jemen zählten zu den ersten Stämmen Arabiens, die noch zu Lebzeiten des Propheten zum Islam übertraten und der neuen Lehre folgten. Eine historische Tatsache, auf die viele Jemeniten bis heute sehr stolz sind.

Sana'a, der Legende nach gegründet von Sem, dem Sohne Noahs, wurde zum ersten Male Hauptstadt des Jemen. Mit dem Einzug des zaiditischen Richters und späteren Herrschers Yahya ibn Hussain al-Hadi im Jahre 901 in Sana'a war der Grundstein für eine mehr als 1000jährige zaiditische Herrschaft im Norden des Landes gelegt. Die konsequente Abschottung, mit der die zaiditischen Imame des Jemen das Land gegen alles Fremde abriegelten, sorgte schon in frühester Zeit für Aufregung unter den abenteuerlustigen Entdeckern. Es war mehr als gefährlich, das Land zu betreten. Das alte arabische Sprichwort kündet davon: »Wer in den Jemen geht, kommt darin um.« Die wenigen Ausländer, denen es wie Carsten Niebuhr mit seiner Königlich-Dänischen Expedition 1762 gelang, in das Landesinnere vorzudringen, bezahlten nicht selten einen hohen Preis. Sie mußten unter abenteuerlichen Umständen das wilde Land bereisen, einige von ihnen kamen nie zurück. Abgeriegelt von der Außenwelt erlebte die Südspitze im 17. Jahrhundert wiederum einen handelspolitischen Aufschwung. Für die

Treffpunkt der ganzen Region ist der Wochenmarkt

kurze Zeit von rund 50 Jahren hatte der Jemen das Kaffeemonopol inne und kontrollierte den Anbau und die Ausfuhr der plötzlich in Europa so begehrten roten Bohnen. Der Name der Hafenstadt al-Mocha wurde zum Synonym für dieses neuartige Getränk. Bald schon war es aber wieder still um den Jemen – denn es war den Holländern gelungen, Kaffeepflanzen außer Landes zu schmuggeln und sie in ihren Kolonien in Fernost anzubauen.

1839 besetzten britische Truppen den völlig unbedeutenden Hafen von Aden, dehnten in wenigen Jahrzehnten ihren Machteinfluß auf den gesamten südlichen Jemen aus und machten Aden nach Liverpool und New York zum drittgrößten Bunkerhafen der Welt. Der Weg nach Asien führte unweigerlich über Aden. Im Sechs-Stunden-Takt legten die großen Fracht- und Passagierdampfer an, Aden wurde zu einer geschäftigen und weltläufigen Metropole, zu einem der wichtigsten Dreh- und Angelpunkte auf dem Weg nach Asien. Während Aden seinen unaufhaltsamen Aufstieg vollzog, war der Norden, der Macht- und Einflußbereich der zaiditischen Imame, weiterhin streng abgeschottet. Unberührt von allen gesellschaftlichen Veränderungen in Europa und sogar im näheren Umfeld, regelten die uralten Stammesgesetze der Beduinen den Alltag, lebten die Menschen im nördlichen Jemen abgeschottet eine jahrhundertealte Tradition fort. »Seine Majestät, der Imam Iahya, könnte mitsamt seiner hochgelegenen Hauptstadt Sana'a ebensogut zu Kreuzfahrerzeiten leben. Er blickt zurück auf ein langes Leben im selben wechselvollen Licht des Krieges...«, schrieb Freya Stark in ihrem Buch »Der Osten und der Westen« über ihren Besuch bei dem nordjemenitischen Herrscher. Die ersten Jahrzehnte unseres Jahrhunderts lockten die letzten großen Abenteurer und Entdekker in ein bis dahin nahezu unbekanntes Gebiet. Freya Stark, H. St. John Philby, Hans Hellfritz oder so bedeutende Wissenschaftler wie etwa Eduard Glaser, Hermann von Wissmann und nicht zuletzt der amerikanische Archäologe Wendell Phillips: Sie alle wollten (und konnten) nur Bruchstücke des geheimnisvollen Jemen entdecken. Ihre spannenden und packenden Berichte wurden zur Standardliteratur aller Arabienfreunde. Bis heute ist vieles aus den Bereichen der Archäologie und Landeskunde noch unerforscht und unentdeckt geblieben. Vielleicht sind es all diese Rätsel und abenteuerlichen Vorkommnisse zusammen, die den Jemen für uns zu einem so faszinierenden Land gemacht haben.

Im abgelegenen Wadi Do'an künden die prunkvollen Lehmburgen vom Reichtum ihrer Besitzer. (Rechts)
Folgende Doppelseite:
Minarette überragen die Häuser. Der Ruf des Muezzins dringt in alle Gassen und Winkel der Altstadt von Sana'a.

Dicht an die schützenden Felswände drängen sich die Lehmburgen des Wadi Do'an.

Rechte Seite: Schlicht, einfach und doch recht plakativ: Der Fassadenschmuck nimmt traditionelle Muster und Symbole des Landes auf. Oben: Haustür in der Region des Djebel Haraz. Unten: Fassaden in der Altstadt von Sana'a.

Seit vielen Jahren ist die Festung von Hosn Bokhur schon verlassen. Rechts: Mühsam und arbeitsaufwendig gestaltet sich die Bestellung der Terrassenfelder im Djebel Haraz.

Rechte Seite oben: Eine vollkommene Harmonie von Form und Material: ein Wohnhaus in Habban. Unten: Verstreut über die Terrassenlandschaft finden sich bei al-Hajjah noch viele kleine Weiler und mit dem Auto nur schwer erreichbare Dörfer.

Eine ländliche Idylle nahe der Millionenstadt. Bayt Baws ist ein verlassenes Dorf nahe Sana'a. (Linke Seite)

Oben: Zum Wochenmarkt im Wadi Dabab kommen auch die Frauen des Djebel Sabir.

Unten: Versteckt in der kargen Steppenlandschaft zwischen al-Mukalla und dem Djol-Plateau: eine alte Quelle nahe Ghayl Bawazir.

جمعية
أصدقاء السائح

Die Straßen der *medina*, der Altstadt von Sana'a sind nicht für Autos gebaut. Wer das Gewirr von Gassen und Plätzen erkunden will, muß gut zu Fuß sein. (Linke Seite)

Oben: Im Suq von Sana'a finden Hausfrauen alles, was zu einem ordentlichen jemenitischen Haushalt gehört.

Unten: Oft stundenlang sitzen die Männer in Aden in den Teestuben und frönen ihrem vergnüglichen Laster, dem Dominospiel.

»Arabia felix«?

Wilde Stammeskrieger mit ihren Kalaschnikows, malerische Lehmstädte des Hadramaut, die faszinierende Silhouette der Altstadt von Sana'a, tief verhüllte Gestalten verschleierter Frauen, die durch die engen Gassen huschen oder die dicken Katbacken der Männer – der Jemen ist reich an Klischees und romantischen Vorstellungen, die unseren Bildern aus dem Märchen von 1001 Nacht zu gleichen scheinen. Das arabischste aller arabischen Länder, das urtümlichste und wildeste... Die dem Jemen zugewiesenen Attribute gehen alle in dieselbe Richtung.

Zunächst war es nur der Nordjemen, der diese westlichen Bedürfnisse nach orientalischer Märchenlandschaft seit den 70er Jahren stillte. Mit einem Schlag war der Nordjemen nur ein Jahrzehnt später zum begehrten Reiseziel abenteuerlustiger Europäer geworden.

Von Sana'a aus in den konservativen Norden. Marib, die Stadt der Königin von Saba. Bergwandern im Djebal Harraz. Doch die Wüstenregionen, die Städte der Weihrauchstraße, das koloniale Aden und Shibam, das Chicago der Wüste, blieben den meisten Besuchern verschlossen. Der marxistische Südjemen riegelte sich in streng zaiditischer Tradition (oder in marxistischem Selbstschutz) gegen alles Fremde ab. Erst mit der Vereinigung beider Jemen – im Gegensatz zur Bundesrepublik handelt es sich nicht um eine Wiedervereinigung! – entfielen auch die Reisehindernisse im Süden des Landes. Noch einmal steigerten sich die Besucherzahlen, und in ein Land, das kaum über mehr als fünf große Hotels mit internationalem Standard verfügt, reisten jährlich mehr als 50.000 Fremde, Tendenz steigend.

Nicht nur Weihrauch oder Myrrhe, sondern auch Düfte aus der ganzen Welt beherbergt dieser Parfümladen im Suq von Crater in Aden. (Linke Seite oben)
Unten: Geld, Zigaretten und dicke Katbacken – das Geschäft der Geldwechsler im Suq von Sana'a blüht.

Oben: Nicht nur im Jemen sind Töchter der Stolz der Väter. Unten: Die Szene täuscht und wirkt gefährlicher als sie ist. Er wollte mit seinem Krummdolch und rot gefärbtem Hennabart nur Eindruck schinden.

Folgende Doppelseite: Der Rosinenmarkt in Sana'a ist ein stilles, verschwiegenes Fleckchen. Wenn der Vater weg ist, paßt der Sohn auf die begehrten Rosinen auf.

Viele Frauen im Jemen kleiden sich in traditionellem Schwarz. (Oben links). Rechts: Dichte schwarze Giftwolken steigen aus den Kalkbrennöfen im Wadi Hadramaut in den Himmel.
Unten: Von Melonenkernen bis Kichererbsen – eine Rösterei im Suq.

Noch hat der Hafen von Aden seine alte Stellung als Drehkreuz für den Schiffsverkehr nicht wiedergewinnen können. (Oben)

Links: Infernalischer Lärm aus Gasbrennern und stets frische Zutaten sind das Geheimnis jemenitischer Garküchen.

Folgende Seite: Mühsam und anstrengend ist die Versorgung des Haushalts mit Zisternenwasser. Der Gang zum Brunnen bietet den Frauen aber auch die Möglichkeit für einen kurzen Plausch.

Aufbruch in die Moderne

Als einziges Land auf der Arabischen Halbinse beschreitet die Republik Jemen mit demokrati schen Wahlen den durchaus steinigen Weg i eine verheißungsvolle Zukunft. Es ist nicht leicht ein Land zusammenzuhalten, das geprägt ist vo tribalistischen Strukturen, das erst vor rund 4 Jahren den Sprung von einer mittelalterliche Herrschaft zu einem modernen Staatswesen ge wagt hat und das erst seit 1990 in seinen heuti gen Landesgrenzen existiert. Die neutrale bis pro irakische Haltung der Jemeniten im Golfkrie rückte das Land ins internationale politische Ab seits. Die weltanschaulichen Gegensätze zwische Nord- und Südjemen und die Wahrung der Pr vilegien der einzelnen Parteien führten das Lan schon bald nach der nominellen Vereinigung i eine schwere Krise, die in einem jemenitisch jemenitischen Bruderkrieg gipfelte. Der konse vativ-demokratisch orientierte Norden konnt sich dabei gegen die Vertreter des ehemals ma xistischen Südjemen durchsetzen und sein Pro gramm einer maßvollen Demokratisierung un eines langsamen wirtschaftlichen Aufbaus begin nen. Mit der Durchführung der Wahlen im Jah re 1997 hat sich die Situation im Jemen weite stabilisiert; die Bemühungen der jemenitische Regierung zeigen erste sichtbare Erfolge.

Auch wenn Ali Abdullah Saleh nicht immer unumstritten ist, man ist im Jemen stolz auf seinen Präsidenten, der das Land zur Vereinigung geführt hat. In entlegenen Gebieten sind Tankstellen eher selten. Ersatzkanister mit Benzin sind absolut unerläßlich. (Unten)

Rechte Seite: Sammeltaxis übernehmen nicht nur die Funktion eines Schulbusses, sondern erschließen auch den Weg zu fast jedem Dorf des Landes, sei es noch so abgelegen von der Teerstraße.

١٥٧٨٠
OYOTA

فريز وآيس لولي الجديد أربع
نكهات شهية :
مانجو - برتقال - كولا - فراولة
أجود ما يمكن شراؤه من تبغ
الأولى في العالم
جودة ممتازة . قيمة ممتازة
Rothmans
Pall Mall
KING SIZE FILTER
SAFARI
الجمهورية
للاستيراد والتوكيلات والتسويق
ص.ب ٢١٩ عدن

Luxushotels wie das Taj Sheba in Sana'a sind noch Mangelware. (Linke Seite oben)

Das Angebot im Straßenkiosk von Aden ist mit unserem westlichen Überfluß nicht zu vergleichen. (Linke Seite unten)

Wer von Tarim aus weiter gen Osten will, dem stehen nur staubige Pisten zur Verfügung. (Oben) Ein fremdartig anmutendes Bild sind die lichtgeschmückten Tankstellen des Jemen. (Unten)

Folgende Doppelseite: Sie trommeln nicht für eine bessere Zukunft, sondern für eine gelungene Hochzeitsfeier. Musik und Tanz sind im Jemen noch Hauptbestandteile des öffentlichen gesellschaftlichen Lebens.

Einkaufen auf dem Morgenmarkt ist in Sana'a traditionell Männersache.

Ob Gemischt-, Haushaltswaren oder Antiquitäten – im Suq gibt es fast alles. Der Stolz eines jeden Beduinen ist der Jagdfalke. Der Gold-Mohur-Beach-Club in Aden ist freitäglicher Treffpunkt der reichen Adener Familien. (Oben)

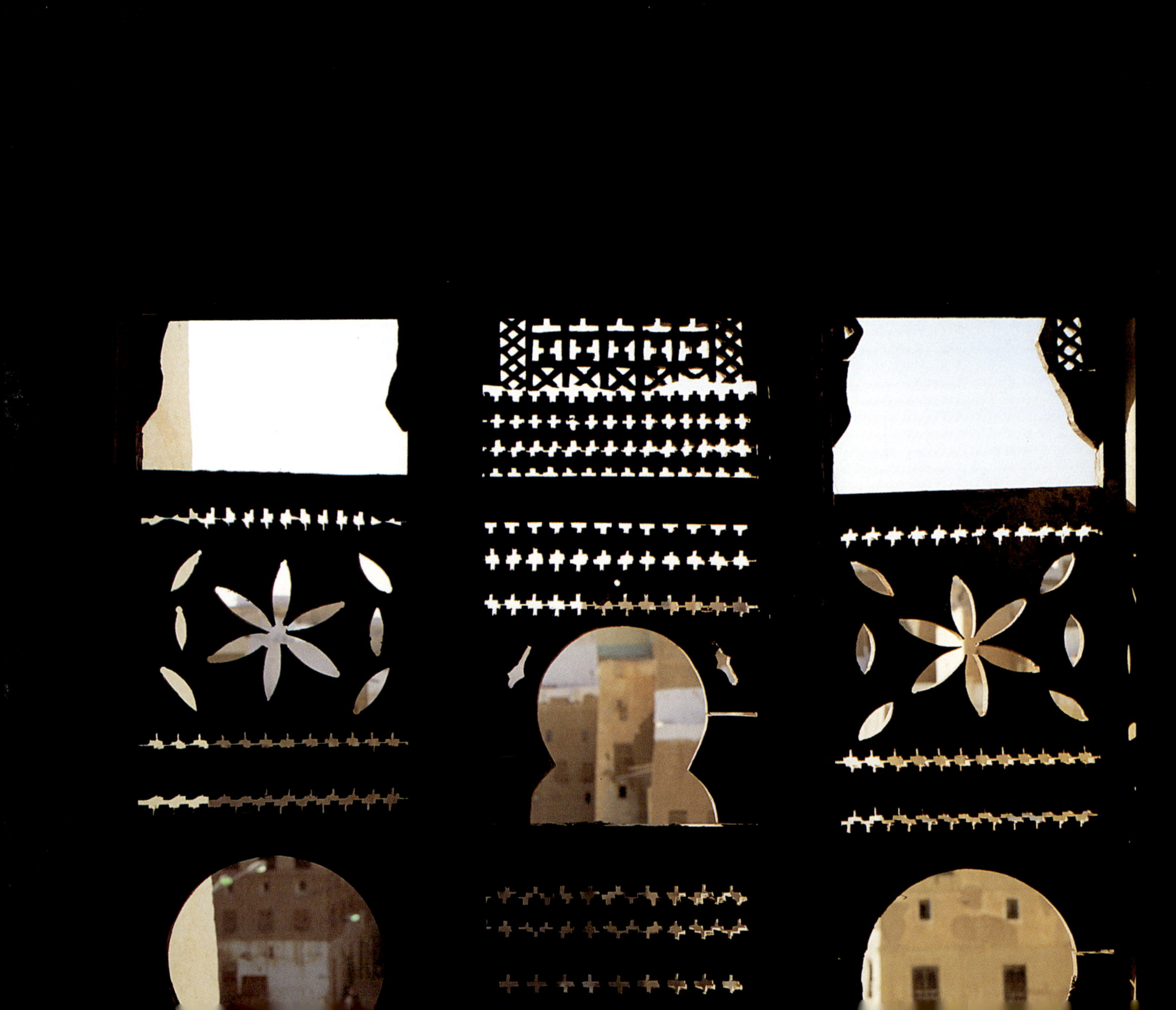

Blicke, die den Atem rauben

Wie eine große gekippte Platte fällt vom steilen Bergjemen im Westen das Land langsam ab bis hin zu den Ausläufern der Rhub al-Khali, dem »Leeren Viertel«. Von der schon fast subtropischen Vegetation mancher westlicher Wadis über die trockenen Hochplateaus des zentralen Berglandes, den dattelbestandenen Tälern des Ostens bis hin zu den wüstenähnlichen Regionen des Ramlat as-Saba-tayn weist der Jemen eine Vielzahl unterschiedlichster Formationen und Landschaftsbilder auf. Wer den Jemen wirklich sehen will, der muß raus aus den Hotels, raus aus den Städten, muß mit Zelt, einem Landcruiser und zu Fuß das Land erkunden. Die Mühen und Unannehmlichkeiten werden reichlich entlohnt, denn die Landschaft ist derartig abwechslungsreich, daß man nie müde wird, sie in sich aufzusaugen.

Die Jemeniten lieben es, von oben ins Tal zu blicken. Wadi-Abbrüche und Aussichtspunkte üben eine stille Faszination auf sie aus. Diese Vorliebe ist aus der langen Tradition eines Volkes heraus zu verstehen, das sich ständig Gewißheit verschaffen mußte, nicht angegriffen zu werden. Denn so ein Aussichtspunkt hat seine Vorteile: Man sieht alles, hat alles unter Kontrolle, kann still und einsam genießen und wird doch nicht gesehen. Nur zu gut wird man diese Vorliebe der Bewohner der Bergregionen verstehen, wenn man selbst einmal abseits der Teerstraßen unterwegs war.

Tagesanbruch im Harazgebirge. Im ersten Dämmerlicht erklingt der Ruf des Muezzin. »Allah u-akbar. Gott ist größer... Das Gebet ist besser als der Schlaf«. Weit und breit ist keine Moschee zu sehen, und doch hört man den Ruf des Muezzins. Die ersten Sonnenstrahlen klettern über die zackigen Bergwände und zeichnen eine messerscharfe Silhouette. Mit bloßem Auge ist nicht zu erkennen, ob es sich um Felsformationen oder Wohnburgen handelt. Von unten im Tal dringt morgendlicher Lärm empor. Kindergeschrei vermischt sich mit dem durchdringenden Schrei eines Esels. Irgendwo wird ein Motor gestartet. Dichter Rauch qualmt aus dem Küchenfenster des Hauses. Terrasse um Terrasse klettern die warmen Sonnenstrahlen den steilen Berghang empor. Auf den Katbäumen und den Getreidefeldern funkeln die Tautropfen wie kleine Juwelen im Sonnenlicht. Der Djebel Haraz ist zum Leben erwacht. Die feuchtkalte Nacht im Zelt, oben auf rund 2700 Metern Höhe nahe dem Dorf Houdaib, hat sich gelohnt. Eine Fahrt über den Djol. Stechend und unerbittlich brennt die Sonne während der langen Fahrt ins Auto. Flach und ohne irgendeine Spur von Leben und Grün liegt die Hochebene in der flimmernden Hitze – eine trostlose Steinwüste, soweit das Auge reicht. Plötzlich biegt der einheimische Fahrer ab, verläßt die schnurgerade Piste und ruckelt über die staubige und gleißende Steinwüste. Unvermittelt hält er an, steigt aus, und erst jetzt wird klar, warum: Man ist an einem Wadi-Abbruch. Vorsichtig tastet man sich an die steile Felskante, um das zu tun, was alle Jemeniten lieben: Man blickt hinab ins Tal. Dunkelgrüne Palmenhaine bedecken den Wadilauf, Lehmdörfer drängen sich an die schützenden Canyonwände, eine staubige Piste führt entlang des Wadis ins Innere Hadramaut. Niemand hätte nur annähernd geglaubt, daß inmitten dieser Steinwüste ein derartiges Paradies existiert. Wer mit dem Flugzeug kommt, kann erkennen, welch unendliches Labyrinth an Flußtälern, Wadis und Tafelbergen das Djol-Plateau durchzieht. Wie eine ausgetrocknete und tausendfach gesprungene Lehmscholle liegt tief unter dem Flugzeug das Hadramaut. Wer mit dem Auto kommt, für den ist es eine endlose, steinige und wenig ansprechende Hochebene.

Jeden Freitag treffen sich am Hochzeitsfelsen nahe dem Wadi Dahr die Hochzeitsgesellschaften, um im großen Stil mit Tanz in aller Öffentlichkeit zu feiern. Mit dabei sind natürlich auch die Kinder, die sich oft mehr für die Musik als für die Tänze interessieren. Beim Hochzeitsfelsen wird aber nicht nur getanzt und palavert, sondern auch geschossen. Zielschießen mit Kalaschnikows und Pistolen gehört einfach dazu.

Vorherige Doppelseite: Abendstimmung im Camp bei Houdaib am Djebel Haraz.

Rechte Seite oben: Die Siedlungen im Djebel Haraz gleichen uneinnehmbaren Trutzburgen. Hier zogen sich die Ismaeliten vor den zaiditischen Imamen in Sana'a zurück. Bei Khorayba im Wadi Do'an verläßt die Schotterpiste das fruchtbare Wadi und führt hinauf auf das unwirtliche Hochplateau des Djol. (Unten)

Folgende Doppelseite: Plantagen mit Dattelpalmen umgeben die Dörfer im Wadi Do'an.

Fundstücke am Mondtempel von Marib

Die Königin von Saba

Sprach Salomo zu Saba
Und küßt'ihr arabisches Aug':
»Geboren unter dem Himmel
Gibt es nicht Mann noch Frau,
Die an Wissen und Weisheit uns gleichen mag –
Doch was wir gefunden den ganzen Tag
Ist: nichts als Liebe kann die Welt
Verwandeln zum engumzäunten Hag.«

(W.B. Yeats, O Salomon, let us try it again)

Die wohl berühmteste Gestalt der jemenitischen Geschichte ist die sagenumwobene Königin von Saba. In allen drei Weltreligionen, die ihren Ursprung auf der arabischen Halbinsel hatten, spielt sie im Bereich der Erzählungen und Legenden eine zwar inhaltlich unterschiedliche, aber überall gleich bedeutende Rolle. Den ersten schriftlichen Bericht über eine Königin von Saba oder eine Königin des Südens findet man in der Bibel. Darin stellt der Besuch der Königin sowohl ein historisches Ereignis als auch ein heilsgeschichtliches Bild dar. Der christlichen Überlieferung nach hatte Salomo siebenhundert fürstliche Hauptfrauen und dreihundert Nebenfrauen. Ebenso wie Salomo galt die Königin von Saba als besonders weise, und sie kam, wie wir es im Buch der Könige nachlesen können, als tausendundeinste, um den weisen Salomo mit kniffeligen Rätselfragen auf die Probe zu stellen. Natürlich bestand Salomo diese Probe mit Bravour. »Es ist wirklich wahr, was ich in meinem Lande über dich und deine Weisheit vernommen habe. Ich traute der Kunde nicht, bis ich kam und es mit eigenen Augen sah«. So oder so ähnlich soll die Königin der Bibel zufolge zu Salomo gesprochen haben. Aufgrund ihrer Weisheit stellte sie Jesus dann 1000 Jahre später auf die Seite all der Gerechten, die eines Tages im Jüngsten Gericht sitzen werden. »Denn sie kam von den Enden der Erde, um die Weisheit Salomos zu hören«, überliefert man uns in Matthäus 12,42.

Zu der Legende um die Begegnung der beiden gekrönten und weisen Häupter finden sich in den anderen Religionen leichte Varianten: In der jüdischen Überlieferung hatten Salomo und die Königin vieles gemeinsam. Beide waren sie berühmt für ihre Weisheit, sprachen die Sprachen der Tiere und mit einer Reihe von Rätseln und Listen stellten sie sich gegenseitig auf die Probe. In der äthiopischen Tradition kennt man eine andere Sicht auf die Königin von Saba. Hier hatte die Königin einen Eselsfuß, den die »Königin des Südens« im Kampf mit einem fürchterlichen Drachen angehext bekommen hatte. Die Königin reiste zu Salomo, der den Eselsfuß heilte und nach der gemeinsamen Liebesnacht mit dem daraus entsprungenen Menelik eine neue Dynastie begründete. Auf Menelik wiederum beriefen sich fast 3000 Jahre lang die äthiopischen Kaiser, die sich auch den Beinamen »Löwe von Juda« gaben. Im Islam hingegen kommt die Königin zu Sulayman, um sich dem rechten Glauben an Gott, dem Herrn der Welten zuzuwenden. Dem Koran zufolge fordert Sulayman Bilqis auf, in sein Schloß einzutreten. Als sie nun in das Schloß eintreten wollte, geschah folgendes: »Was sie sah schien ihr ein tiefes Wasser, so entblößte sie ihre beiden Schenkel. Er aber sprach: Mit spiegelglattem Glas ist das Schloß ausgelegt.« Diese zunächst knappe Schilderung ihrer Begegnung brachte die Königin später durch verschiedene Auslegungen in den schlechten Ruf, Haare an den Beinen zu haben. Dies ist in der islamischen Sagenwelt wahrlich alles andere als vorteilhaft: Behaarte Beine galten in den alten Legenden Arabiens als ein untrügliches Zeichen für einen Dämonen. Nachdem aber die Sabäer und die Völker des Jemen, wie wir mehrfach im Koran nachlesen können, immer wieder von Gott für ihre Frevel und Ungläubigkeiten bestraft wurden, paßt diese Wende der Geschichte ganz gut in das islamische Bild des alten Saba.

Die »Königin von Saba« hat schon immer Künstler, Musiker und Schriftsteller in besonderem Maße gefesselt. Ob auf persischen Miniaturen, mittelalterlichen Buchmalereien, Deckenfresken in Kapellen oder auf Piero della Francesca's Chorfresko in Arezzo: Die vermeintliche Begegnung zwischen König Salomo und der Königin von Saba war ein dankbares künstlerisches Motiv. Selbst Hollywood schreckte nicht davor zurück, diese beiden so schillernden Gestalten in einem typisch amerikanischen Schmachtfetzen zu vermarkten. Gina Lollobrigida und Yul Brynner – besser hätte man die Rollen wohl nicht besetzen können. Allen diesen romantischen und trügerischen Vorstellungen zum Trotz ist man sich weitgehend einig: Bilqis als Königin von Saba hat es so wohl leider nicht gegeben. Die innere Chronologie der sabäischen Herrscher weist zu keiner Zeit auf eine so bedeutende Königin hin. Die einzigen beiden Frauen, die überhaupt jemals im Jemen herrschten, waren die aus der Dynastie der Sulayhiden stammenden Königinnen Asma und ihre Schwiegertochter Arwa Bint Ahmed, die zwischen 1087 und 1138 in weiser Regentschaft das Land von Djiblah aus regierten.

Was hinter dieser schillernden und facettenreichen Gestalt nun wirklich stehen mag, ist schwer nachzuvollziehen. Sicherlich dokumentiert die Legende vom Zusammentreffen einen wirtschaftlichen Aspekt, nämlich die Aufnahme wichtiger Handelsbeziehungen mit Kamelkarawanen zwischen Salomo, dem König der Juden, und dem wohlhabenden Königreich der Sabäer. Mit der Domestizierung des Kamels war es im 2. Jahrtausend v. Chr. möglich geworden, große Lasten- und Warentransporte auf dem Landweg abzuwickeln. Dabei folgte man alten, längst bekannten Karawanenwegen, auf denen der gewinnbringende Salzhandel innerhalb der Arabischen Halbinsel abgewickelt wurde. Die unermeßliche Menge an Gold und Gewürzen, die Bilqis dem König Salomo als Geschenk gebracht haben soll, dient als Metapher für den Wohlstand der Südaraber. Hadramaut, Qataba, Saba, Main - wie eine Perlenkette reihten sich die Staaten entlang der Weihrauchstraße am Rande der Rhub al-Khali aneinander. Im Handel mit Weihrauch, Myrrhe und Gewürzen ließen sich ungeheure Reichtümer anhäufen. Imposante Bauwerke und Städte entstanden am Rande der Wüste, am Leben gehalten durch ein ausgeklügeltes System von Bewässerungsanlagen. Der Staudamm, der Sonnentempel, der als Thron der Bilqis bekannte Mondtempel in Marib, der Mauerkranz von Baraquish, der Königspalast oder die Tempelruinen von Shabwa - die heute meist vom Sand verwehten Ruinen geben nur noch sehr eingeschränkt wieder, welche kulturelle Blüte damals in Südarabien herrschte. Der Ursprung der Königin von Saba, das Bild ihrer Persönlichkeit, bleibt also weiterhin im Dunkeln.

Eine überzeugende Interpretation der Königin von Saba regt der deutsche Jemenkenner Werner Daum an. Nach seinem Verständnis ist Bilqis neben all den mythischen Komponenten auch die Personifizierung der weiblichen altarabischen Sonnengottheit *shams*. Die altsabäische Religion kannte eine Göttertrias. Neben den beiden männlichen Gottheiten *athtar* (Venus) und der Mondgottheit *almaqah* war als einzige weibliche Gottheit *shams*, die Sonne, in dem göttlichen Dreigestirn vertreten. Sie verwandelte sich im Laufe der Zeit und der besonderen Verehrung als weibliche Gottheit zu einer menschlichen Lichtgestalt, nämlich zu Bilqis. Ob nun Legende oder Gottheit, eines ist unbestreitbar: Bilqis, die Königin von Saba, hat ihrem Land zu Ruhm und hohem Ansehen verholfen.

Unter dem verlassenen Dorf Alt-Marib vermuten Archäologen den Palast der Könige von Saba.

Außerhalb der Ruinenstadt von Ma'in liegt der Mondtempel. (Unten)

Folgende Doppelseite: Erst Kamelkarawanen ermöglichten den sicheren Transport des kostbaren Weihrauchs entlang der Weihrauchstraße in den zahlungskräftigen Mittelmeer-Raum.

Von Stämmen, Kriegern und Imamen

Mehr als 1000 Jahre lang herrschten im Norden des Landes die zaiditischen Imame. Seit Yayha ibn Hadi al-Hussain im Jahre 897 als Schiedsrichter im Streit zwischen den nördlichen Stämmen ins Land gerufen wurde und er nur vier Jahre später als geistiger, religiöser und politischer Führer in Sana'a einzog, wurden die Schicksale des nördlichen Jemen von einem religiösen Oberhaupt geleitet. Der religiöse Adel der *sayyed* übernahm die führenden Aufgaben in der Staatsführung und war die geistige und politische Elite des Landes. Der Imam, der aus der Adelskaste der *sayyed* gewählt wurde, hatte eine lange Reihe von Prüfungen abzulegen. Nur wer bestimmte Qualifikationen wie die Abstammung aus der Familie des Propheten, Weisheit, Gerechtigkeit, die umfassende Kenntnis der heiligen Schriften, aber auch die Fähigkeit zur Macht nachweisen konnte, kam als religiöser und weltlicher Führer in Frage.

Diese »weltlichen« Ansprüche an die politisch-religiösen Führer rückten die Anhänger der zaiditischen Glaubenslehre von ihren shiitischen Glaubensgenossen ab. Auch wenn die Zaiditen grundsätzlich zur Gruppierung der Shiiten gerechnet werden, haben sie sich doch weit von den mystischen Verklärungen der Shiiten entfernt und sich stark der realpolitischen Sichtweise der Sunniten angenähert.

Obwohl die Adelskaste der *sayyed* und ein theokratisches Oberhaupt als Imam die Geschicke des Landes steuerten, gab es noch eine zweite, mindestens genauso etablierte und starke Machtstruktur im Lande: Bis heute sind die Großscheichs der wichtigsten Stämme wie etwa der Bakil, Kawlan, Hashid oder der Hamdan mehr als nur einflußreiche Dorfvorsteher geblieben. Jeder Jemenite versteht sich als *gabila*, als ein Stammeskrieger, der seinem Stamm über den Tod hinaus verpflichtet ist. Über Jahrhunderte, ja sogar bis weit in die Zeit vor dem Propheten können sie die Geschichte ihres Stammes zurückverfolgen. Ein seit den allerersten Anfängen bestehender Rechts- und Ehrenkodex, das Stammesgesetz *al-urf*, regelt bis dato ihr Zusammenleben und ihre Rechtsfragen. An der Spitze dieser Stammesverbände stehen mächtige und einflußreiche Großscheichs, die nicht selten über starke Privatarmeen verfügen. Das Wort eines Großscheichs genügt, und binnen 24 Stunden stehen seine ganzen Stammeskrieger unter Waffen. Zehntausend, fünfzigtausend, ja sogar hunderttausend und mehr Krieger aufzubieten, ist für einen Scheich der Bakil oder Hashid nicht unbedingt ein großes Problem. Jeder Scheich, auch wenn er einen gewählten Sitz in der modernen Volksvertretung innehat, vertritt vorrangig die Interessen seines Stammes. Und die sind oft weit von den Interessen des Staates entfernt. Für eine engagierte Demokratie kann ein derartiges Machtgefüge den Todesstoß bedeuten. Wohin übermächtige Stammesführer ein Land treiben, konnte man nur wenige hundert Kilometer westlich in Eritrea oder Äthiopien beobachten. Selbst das Militär kann an diesen Verhältnissen nichts rütteln, denn jeder einfache Soldat ist auch ein *gabila* und würde eher desertieren, als gegen seine eigenen Blutsbrüder vorzugehen.

Die Kalaschnikow gehört zum alltäglichen Erscheinungsbild eines Stammeskriegers. Zusammen mit dem Krummdolch, der *djambia*, ist sie das unabdingbare Attribut männlicher Würde und Kampfeskraft. Wieviele Waffen aus den unerschöpflichen Vorräten der westlichen und östlichen Waffenschieber im Lande sind, ist schwer zu schätzen. 18 Millionen sollen es sein, wenn man einer amerikanischen Schätzung Glauben schenken will. Nachdem eigentlich jeder Jemenite mindestens eine Schußwaffe besitzt, scheint diese Zahl kaum übertrieben – im Gegenteil.

Der Djambia-Tanz ist mehr als nur ein Tanz. Er ist Ausdruck der Stammeskrieger und demonstriert nicht nur Geschicklichkeit, sondern auch Unabhängigkeit und Kampfkraft. (Vorhergehende Seiten)

Der Jemen ist eine Männerwelt - stolz und selbstbewußt blicken sie in die Kamera.

Folgende Doppelseite: Die Grabmoschee der Imame in Sadah ist der konservative und traditionsbewußte Hort der zaiditischen Glaubensrichtung.

Die Hinwendung zu Gott

»Im Namen Allahs,
des Gnädigen,
des Barmherzigen.«

Beginn jeder Sure im Koran

Islam ist nicht gleich Islam. Unser westliches Bild der islamischen Welt ist geprägt von den häufig allzu romantischen Vorstellungen Arabiens oder den reißerischen Berichten in den Medien. Demonstrierende Massen in Teheran, fanatische Attentate und Massaker in Algerien, dekadenter Luxus und Reichtum in den Golfstaaten...

Von all diesen Extremen ist der Jemen noch weit entfernt. Hier ist der Islam seit vielen Jahrhunderten die feste, alles regelnde Größe im alltäglichen Leben. Man besinnt sich auf alte Traditionen und Werte: Die Hingabe an Gott steht vor der Politisierung; die Wahrnehmung der religiösen Pflichten (der Fünf Säulen des Islam) hat Vorrang vor der kritiklosen Übernahme westlicher Lebensformen; die Gastfreundschaft zählt mehr als der blinde Fanatismus.

»Es gibt keinen Gott außer Allah, und Mohammed ist sein Prophet.« Diese Kernaussage des Korans ist eindeutig und läßt keinen Zweifel aufkommen. Auch nicht im Jemen. Man ist hier stolz auf seinen Glauben. Niemand soll und darf ihn in Frage stellen. Die Begegnung mit Andersgläubigen ist gewünscht, aber nicht, wenn sie dazu führt, den eigenen Glauben an den einzigen Gott und seinen Propheten mit westlicher Arroganz abzuwerten. Mit kritischer, aber toleranter Skepsis betrachtet man die Andersgläubigen. Nur dafür, dass jemand an gar nichts glaubt, dafür haben die Jemeniten kein Verständnis.

Noch überwiegt vorwiegend das traditionelle, jahrhundertealte Glaubensverständnis, das aus dem asketischen und radikalen Leben der Beduinen und Nomaden entwachsen ist. Der Glaube an Allah, die Einhaltung der Gebetszeiten und das Studium des Korans prägen den Alltag der Muslime. Für sie ist der Islam die Basis für die Gerechtigkeit für jedermann, für die Solidarität der Gläubigen, die Moral und Sittlichkeit der Gesellschaft, das Verhältnis von Mann und Frau, ja sogar für das Strafrecht. Die *sharia*, die islamische Rechtsprechung, ist nicht umsonst Grundlage der jemenitischen Verfassung. Diese Form des wertkonservativen Islam, der seine Stärke aus der Tradition und den Gesetzen der Stämme bezieht, war bis in unsere Tage hinein Garant für eine zwar strenge, aber in dem Verständnis der Jemeniten gerechte Gesellschaft. Die Beurteilung von außen spielte für sie keine Rolle.

Aber auch der Jemen kann sich nicht ganz abschotten gegen die fundamentalen Strömungen im arabischen Lager. Radikale muslimische Bruderschaften bekommen verstärkt Zulauf, Mädchenschulen sind ein Dorn im Auge vieler Männer, selbst im weltläufigen Aden dominiert der Schleierzwang. Mit der Gründung der konservativ-religiösen Islah-Partei und ihrem Einzug ins Parlament hat der Islam den Schritt in die Tagespolitik vollzogen.

Dies sind Strömungen und Tendenzen, die vielleicht auch gekoppelt sind mit wirtschaftlichen und politischen Schwierigkeiten. Noch aber erscheint der Islam im Jemen wie viele seiner weißen Moscheen: einfach, schlicht und ohne große Verschwendungungssucht. Ein ehrlicher und aufrichtiger Ort der Besinnung, der Gelehrsamkeit und der Hinwendung zu Gott.

Kunstvoll beschriebene Grabsteine wie hier in Aynat sind im Jemen eine Seltenheit.
Unten: Prachtvoll ausgeschmückt ist die Kuppel der al-Ashrafiya-Moschee in Ta'izz. Sie ist ein Prunkstück rasulidischer Baukunst im Jemen.
Rechte Seite: Harmonisch und friedvoll präsentiert sich der Innenhof der Grabmoschee der Königin Arwa Bint Ahmed in Djiblah.

Folgende Seiten: So kunstvoll ausgeschmückt wie die Decke der al-Ashrafiya-Moschee in Ta'izz sind nur wenige Gotteshäuser des Landes.

Nach dieser Doppelseite: Nur noch wenige Bauwerke wie hier die ash-Shadili-Moschee sind in der alten Hafenstadt al-Mukha erhalten.

Eine Architektur für Menschen

»Aber man findet hier nach arabischer Art viele schöne Paläste. Alle diese arabischen Paläste sind zwar nicht nach dem jetzigen europäischen Geschmack, aber doch von gebrannten Mauer - oder auch wohl zum Teil von gehauenen Steinen gebaut....«
Carsten Niebuhr, Reisebeschreibungen nach Arabien und anderen Ländern

Eine Reise in den Jemen führt unweigerlich zur Beschäftigung mit der Architektur. Gleichgültig, wo man nun im Lande verweilt, immer sind es die Städte, Dörfer und einzelnen Bauten, die das Hauptaugenmerk auf sich ziehen. So vielfältig die Landschaften und Regionen des Jemen sind, so unterschiedlich sind seine Baustile, wie etwa in Shibam und im Hadramaut. In der ganzen Welt ist es berühmt für seine kunstvolle Lehmarchitektur und seine sieben- bis achtstöckigen Wohnbauten, die ihm den Namen »Chicago der Wüste« eingebracht haben. Wie ein gewaltiges erdfarbenes Schiff schiebt sich Shibam mit seiner Stadtmauer in den umgebenden Palmenhain, teilt mit seinem Bug die sandigen Wogen des Wadis. Mit verspielter, von Südostasiens Palästen beeinflußter Architektur überragt zwanzig Kilometer weiter ein mächtiger, blendend weiß leuchtender Sultanspalast, erbaut nur aus getrockneten Lehmziegeln, die bescheiden anmutenden Häuser von Sayun. Abseits, in den stillen Seitenwadis des Hadramaut und weitab jeglicher Straßenverbindung, verblüffen prächtige Lehmpaläste wie der Palast in Bayt Bukshan die staunenden Besucher.

Ebenso kunstfertig wie die Lehmbauten des Ostens sind die Bauten im westlichen Bergjemen. Hier, im unwegsamen Bergland, überwiegt der Sicherheitsgedanke. Jeder dieser mehrstöckigen Wohntürme ist auch eine wehrhafte steinerne Trutzburg, gebaut nach streng strategischen Gesichtspunkten. Viele Siedlungen weisen hier den gleichen Charakter auf: zwei, drei Familien oder Clans, die sich zusammengeschlossen und ihre Häuser als uneinnehmbares Wehrdorf ausgebaut haben. Im Djebel Haraz verschwinden die aus sorgfältig behauenen Steinen aufgemauerten Wohntürme im dichten Nebeltreiben der aufsteigenden Wolken. Einfache Muster und Symbole schmücken die Hausfassaden. Die Dekorationen und Ornamente nehmen die traditionellen Muster auf, mit denen sich Frauen die Hände bemalen oder ihre bunten Tücher und Kleider besticken. Das Haus wird zum künstlerischen Aushängeschild der Familie.

Die verspielten Fassaden der Altstadthäuser in Sana'a bilden im warmen Abendlicht eine malerische Kulisse. Ruhig und erhaben leuchten die weißen Kuppeln der Moscheen aus dem monochromen Farbenspiel erdfarbener Brauntöne. Farbige Lichtspiele dringen durch die bunten Oberlichter, die zumindest ihrem Namen nach (*qameriah kommt von al qamr der Mond*) noch immer an das sanfte und milchige Licht der Alabasterscheiben erinnern. Ornamentbänder aus symmetrisch angeordneten Lehmziegeln umlaufen die Fassaden; Dach und Eckzinnen sind überzogen mit einer wasserfesten Schicht aus wei-

ßem Gips, die Fensterlaibungen sind weiß gekalkt. Sana'a weist als Hauptstadt einen ganz eigenen, oftmals ironisch als »Zuckerbäckerstil« bezeichneten Baustil auf. Die Dichte und Vielzahl der Bauten machen die Altstadt, ein undurchschaubares Konglomerat aus Moscheen, Suqs, Wohnbauten und Stadtgärten, zu einem unvergleichlichen architektonischen Gesamtkunstwerk.

Auch die »heiße Erde« kennt ihre eigene Architektur. In der Tihama spürt man den Einfluß des nahen afrikanischen Kontinents. Wie kleine Zipfelmützen in einer ausgetrockneten Landschaft schimmern die Hütten der Tihamadörfer hinter dem gleißenden Hitzeschleier. Die kralähnlichen Ansiedlungen tragen eindeutig afrikanische Handschrift. Sie könnten ebensogut auf der anderen Seite des Roten Meeres stehen. So schmucklos und einfach die Hütten aus Stampflehm und Stroh von fern erscheinen, so kunstfertig sind sie oft in ihrem Inneren ausgemalt. Wer Geld hatte, baute anders. Abgeschottet vom Lärm der Straßen umgeben hohe, schmucklose Mauern aus gebrannten und weiß gekalkten Lehmziegeln die wohlhabenden Familien Zabid's. Im Inneren gleichen ihre Häuser kleinen Palästen, reichhaltig verziert im typischen »Tihama-Dekor«.

Jemeniten lieben es zu bauen. Sobald Geld vorhanden ist, wird es nach alter Tradition in ein Haus investiert. Mit fortschreitender Entwicklung des Landes verändert sich aber auch das Bauen. Die traditionellen Materialien wie Lehm, Holz und behauener Stein werden von Eisenträgern, Ziegeln und Beton verdrängt. Statt auf kunstvoll geschnitzte Holzfenster greifen viele Bauherren lieber auf stabile Metallrahmen zurück, und die eisenbeschlagenen Holztüren werden durch Blechtüren verdrängt. Einschneidend sind die Veränderungen vor allem entlang der neuen Handelswege, der Straßen. Schon etliche Kilometer vor der aufblühenden Stadt ist entlang der Straße der Baugrund abgesteckt. In phantasieloser Skelettbauweise werden die Trägerelemente und Decken hochgezogen, die Zwischenräume mit Ziegelsteinen aufgefüllt, um dann doch wieder mit liebevoll behauenen Blendsteinen verkleidet zu werden. Die neugebauten Straßen folgen aber meist nicht dem althergebrachten Handelsweg. In den Dörfern verändert sich nicht nur die Architektur, sondern auch das alltägliche Leben. Die Geschäftsleute finden kein Auskommen mehr in ihrem traditionellen Wirkungsfeld im Suq, so wie es der Prophet wollte, nahe der Großen Moschee. Deshalb werden die Läden verkehrsgünstig entlang der Teerstraße, dort wo das »neue« Leben stattfindet, wieder aufgebaut. Die Altstadt verliert an Bedeutung, verfällt und stirbt aus.

Al Hajjarah im Haraz-Gebirge. Darunter ein prachtvoller Lehmneubau in al-Hajjarayn. (Linke Seite)
Oben: Wie ein Wüstenschiff ragt Shibam, das »Chicago der Wüste« in das palmenbestandene Trockenbett des Wadi Hadramaut.

Qabr Nabi Hut – das Grab des Propheten Hut. Nur einmal im Jahr wird die verlassene Pilgerstadt für mehrere Tage bewohnt. Den Rest des Jahres verfällt sie in einen märchenhaften Dämmerschlaf der stillen Einsamkeit.

Unten: Die Liebe steckt im architektonischen Detail.

Unübersehbar sind die afrikanischen Einflüsse in der Küstenebene der Tihama. Hier stehen kralartige Dörfer, die von Familienclans bewohnt werden.

Rechte Seite: Berühmt in der ganzen Welt ist die Bogenbrücke des Baumeisters al-Yamani, der mit dieser gewagten Konstruktion die Fluchtburg von ash-Shaharah mit dem angrenzenden Gebirgsstock verband. Wer diese Meisterleistung jemenitischer Baukunst begutachten will, muß eine anstrengende und oft auch abenteuerliche Fahrt abseits der Teerstraße in Kauf nehmen.

Das Bab al-Jemen, das Tor zum Jemen, ist das Eingangstor zu einer märchenhaften Welt des alten Arabien, dem Suq von Sana'a. (Oben)
Der *mafradj* ist die gute Stube eines jeden Hauses und der Stolz seines Besitzers. (Unten)

Das geschäftige Ta'izz platzt aus allen Nähten. Hier werden die Probleme der rapide ansteigenden Bevölkerung und der zunehmenden Verstädterung besonders deutlich sichtbar.

Wenn das Wasser wegbleibt

Sehen denn nicht die Ungläubigen, dass die Himmel und die Erde eine feste Masse bildeten und wir sie dann spalteten und aus dem Wasser alles Lebendige machten«
(Koran 21,36)

Is not the border of the monsoon rain the just division between Arabia Felix and Arabia Deserta?
(Ch. Doughthy, »Arabia Deserta«)

Ein bewaffneter Konflikt um Flüsse, Quellen und Brunnen? Nach Ansicht internationaler Wissenschaftler ist diese Vorstellung schon lange keine Utopie mehr. Jemen gehört laut US-Studien zu jenen Ländern, in denen schwindende Wasserreserven sehr leicht zu bewaffneten Konflikten führen könnten. Nirgendwo anders sinkt der Grundwasserspiegel so drastisch. Die alten Ziehbrunnen in den Stadtgärten sind längst außer Betrieb. Schon seit Jahren schaffen es auch die modernen Dieselpumpen nicht mehr, das tiefer liegende Grundwasser abzusaugen und es auf die Felder weiterzuleiten. Unbelastetes Trinkwasser wird aus Tiefen von 2000m und mehr abgepumpt. In zehn Jahren droht die Hauptstadt Sana'a auszutrocknen.

Der drastische Bevölkerungsanstieg kostet eben seinen Preis. Lebten zu Beginn der 70er Jahre rund 100.000 Menschen in Sana'a, so sind es heute mindestens eine Million.

Der Umgang mit dem so kostbaren Gut Wasser hat sich drastisch verändert. Überall - nicht nur in den Wüstengebieten - war man es gewohnt, sparsam und vorsichtig mit Wasser umzugehen. Wenige Tropfen löschten den Durst bei der Feldarbeit, nicht ein einziger Schluck wurde vergeudet. Sparsam wurde bewässert, in den Bergen sorgte der morgendliche Tau für ausreichend Feuchtigkeit, um die Kaffeeplantagen und Getreidefelder zu bewässern. Viel Mühe und Arbeit verwandte man in den Bau und die Instandhaltung der kunstvollen Zisternenanlagen. Sie sammelten das Regenwasser und sicherten über Wochen und Monate hinweg die Wasserversorgung der Dörfer. Aber schon lange reichen die jährlich wiederkehrenden Monsunregen nicht mehr aus, um die Grundwasservorräte wieder aufzufüllen. Zu große Mengen der sintflutartigen Niederschläge fließen ungenutzt ab. Die uralten, seit den Sabäern bestehenden Kenntnisse, diese Wassermassen durch den Bau von Staudämmen aufzuhalten, sind schon lange vergessen. Der Glaube an die moderne Technologie, an einen nie versiegenden Wasserhahn hat Einzug gehalten.

Wer Wasser will, muß inzwischen nicht selten sehr teuer dafür bezahlen. Die Zisternen sind vertrocknet, stattdessen schmücken Wassertanks aus Blech die Dächer der Lehmburgen und Steinhäuser. Moderne Badezimmer, gefliest und ausgestattet mit Badewanne und Wasserklosett, sind ein Standard geworden, der zwar nachvollziehbar, aber auch schwer zu realisieren ist. Das Fehlen eines für alle gültigen, staatlichen Wassergesetzes hat katastrophale Folgen. Dieselpumpen saugen auf dem Land unkontrolliert die letzten Tropfen Grundwasser ab und verschwenden es üppigst auf die immer durstigen Katfelder. Im Oberlauf der großen Wadis herrscht noch Überfluß - im Unterlauf veröden die Felder. Die Bauern verlassen ihr Land und ziehen in die Stadt. Aber auch hier gibt es kein Wasser mehr. Alle 45 Tage nur sind die Haushalte in Ta'izz an das öffentliche Wassernetz angeschlossen. Wer mehr braucht, muß bei privaten Händlern kaufen.

Eine Müllflut von leeren Plastikflaschen hat das Land überschwemmt. Noch kann man für ein paar Rial an allen Straßenecken abgefülltes Trinkwasser kaufen. Die Betreiber dieser Mineralwasserfabriken sind reich geworden, das Land aber vertrocknet. Für Fremde ist dieses Problem meist zweitrangig. In den Hotels strömt das Wasser ja in vollem Schwall aus der Dusche.

Eine der wenigen Stellen, wo noch Grundwasser an die Oberfläche tritt, ist Ghayl Umar im Hadramaut. (Rechte Seite)
So selbstverständlich auch die Kamele an den Dornbüschen knabbern – rund um Ta'izz führt der gewaltige Anstieg des Grundwasserverbrauchs zur Versteppung des »Grünen Jemen«.

Links und folgende Seiten: In der Pilgermoschee von Yafrus scheint man Wasserprobleme noch nicht zu kennen. Kinder suchen Erfrischung und Abkühlung im großen Zisternenbecken der Moschee. Auf einem archaisch anmutenden Floß holt dieser Fischer bei al-Khawkhah seine Netze ein.